Water Habitats
Hábitats acuáticos

Rivers/Ríos

JoAnn Early Macken

Reading consultant/Consultora de lectura:
Susan Nations, M. Ed., author, literacy coach,
consultant/autora, tutora de alfabetización, consultora

WR WEEKLY READER
EARLY LEARNING LIBRARY

Please visit our web site at: www.garethstevens.com
For a free color catalog describing our list of high-quality books,
call 1-800-542-2595 (USA) or 1-800-387-3178 (Canada).

Library of Congress Cataloging-in-Publication Data

Macken, JoAnn Early, 1953
    (Rivers. Spanish & English)
    Rivers = Ríos / JoAnn Early Macken.
        p. cm. — (Water Habitats = Hábitats acuáticos)
    ISBN-10: 0-8368-6031-4 (lib. bdg.)
    ISBN-13: 978-0-8368-6031-3 (lib. bdg.)
    ISBN-10: 0-8368-6038-1 (softcover)
    ISBN-13: 978-0-8368-6038-2 (softcover)
    1. Stream ecology — Juvenile literature.   2. Stream animals—Habitat—Juvenile
literature.   3. Rivers—Juvenile literature.   I. Title: Ríos.   II. Title.
QH541.5.S7M3318   2005
577.6'4—dc22   2005053142

This edition first published in 2006 by
Weekly Reader® Books
An imprint of Gareth Stevens Publishing
1 Reader's Digest Road
Pleasantville, NY 10570-7000 USA

Copyright © 2006 by Weekly Reader® Early Learning Library

Art direction: Tammy West
Cover design and page layout: Kami Strunsee
Picture research: Diane Laska-Swanke
Translators: Tatiana Acosta and Guillermo Gutiérrez

Picture credits: Cover, © Bernard Castelein/naturepl.com; p. 5 © Tom and Pat Leeson;
p. 7 © Dennis Drenner/Visuals Unlimited; p. 9 © Britnell/gtphoto; p. 11 © Tamara Dormier/
SeaPics.com; pp. 13, 17 © Alan & Sandy Carey; p. 15 © Richard Day/Daybreak Imagery;
p. 19 © David Kjaer/naturepl.com; p. 21 © Pete Oxford/naturepl.com

Printed in the United States of America

3 4 5 6 7 8 9 10 09 08 07

Note to Educators and Parents

Reading is such an exciting adventure for young children! They are beginning to integrate their oral language skills with written language. To encourage children along the path to early literacy, books must be colorful, engaging, and interesting; they should invite the young reader to explore both the print and the pictures.

Water Habitats is a new series designed to help children read about the plants and animals that thrive in and around water. Each book describes a different watery environment and some of its resident wildlife.

Each book is specially designed to support the young reader in the reading process. The familiar topics are appealing to young children and invite them to read — and reread — again and again. The full-color photographs and enhanced text further support the student during the reading process.

In addition to serving as wonderful picture books in schools, libraries, homes, and other places where children learn to love reading, these books are specifically intended to be read within an instructional guided reading group. This small group setting allows beginning readers to work with a fluent adult model as they make meaning from the text. After children develop fluency with the text and content, the book can be read independently. Children and adults alike will find these books supportive, engaging, and fun!

— Susan Nations, M.Ed., author, literacy coach,
and consultant in literacy development

Nota para los maestros y los padres

¡Leer es una aventura tan emocionante para los niños pequeños! A esta edad están comenzando a integrar su manejo del lenguaje oral con el lenguaje escrito. Para animar a los niños en el camino de la lectura incipiente, los libros deben ser coloridos, estimulantes e interesantes; deben invitar a los jóvenes lectores a explorar la letra impresa y las ilustraciones.

Hábitats acuáticos es una nueva colección diseñada para que los niños lean textos sobre plantas y animales que viven en el agua o cerca de ella. Cada libro describe un medio acuático diferente y presenta a algunos de los animales y plantas que lo habitan.

Cada libro está especialmente diseñado para ayudar a los jóvenes lectores en el proceso de lectura. Los temas familiares llaman la atención de los niños y los invitan a leer —y releer— una y otra vez. Las fotografías a todo color y el tamaño de la letra ayudan aún más al estudiante en el proceso de lectura.

Además de servir como maravillosos libros ilustrados en escuelas, bibliotecas, hogares y otros lugares donde los niños aprenden a amar la lectura, estos libros han sido especialmente concebidos para ser leídos en un grupo de lectura guiada. Este contexto permite que los lectores incipientes trabajen con un adulto que domina la lectura mientras van determinando el significado del texto. Una vez que los niños dominan el texto y el contenido, el libro puede ser leído de manera independiente. ¡Estos libros les resultarán útiles, estimulantes y divertidos a niños y a adultos por igual!

— Susan Nations, M.Ed., autora/tutora de alfabetización/
consultora de desarrollo de la lectura

In a river, the water keeps flowing. It pulls on plants. The plants cling to rocks and soil.

- - - - - - - - - - - - - - - - -

En un río, el agua fluye sin parar. El agua tira de las plantas. Las plantas se aferran a las rocas y a la tierra.

Insects glide on top of the water.
Some of them spin in circles.

- - - - - - - - - - - - - - - -

Insectos se deslizan sobre el agua.
Algunos dan rápidas vueltas en
círculo.

Salmon hatch from eggs in the water. They swim down the river to the sea. When they are grown, they swim back up the river.

En el agua, las crías de salmón salen de sus huevos. Nadan río abajo hacia el mar. Cuando sean adultas, nadarán río arriba.

Turtles warm up in the sun.
They rest on logs in the water.

Las tortugas se calientan al
sol. Descansan sobre troncos
en el agua.

11

Beavers chew trees down. They build dams across rivers. They build lodges to live in.

- - - - - - - - - - - - - - -

Los castores derriban árboles con los dientes. Construyen diques que atraviesan los ríos. Construyen madrigueras para vivir.

A kingfisher dives to catch a fish.
The kingfisher lands on a tree
branch.

- - - - - - - - - - - - - - -

Un martín pescador se zambulle
en el agua para atrapar a un pez.
El martín pescador se posa en la
rama de un árbol.

Otters slide down river banks.
They splash and play in the water.

- - - - - - - - - - - - - - - - -

Las nutrias bajan resbalándose
por la ribera del río. Chapotean
y juegan en el agua.

Swallows build their nests in river banks. They swoop out over the water. They catch insects to eat.

Las golondrinas construyen sus nidos en las orillas de los ríos. Se abalanzan sobre el agua. Atrapan insectos para comer.

19

A snake swims in the river. The water keeps flowing. It carries the snake along.

Una serpiente nada en el río. El agua fluye sin parar. El agua lleva a la serpiente.

Glossary

cling — to hold on

dams — barriers that hold water back. Beavers build dams from trees and branches.

flowing — to move in a stream

glide — to move smoothly

hatch — to break out of an egg

lodges — dens

swoop — to pounce or sweep down

Glosario

abalanzarse — saltar o lanzarse

aferrarse — agarrarse

deslizarse — moverse sin esfuerzo

diques — barreras que contienen el agua. Los castores construyen diques con árboles y ramas.

fluir — correr el agua

madrigueras — guaridas

For More Information/
Más información

Books in English

River Animals. Francine Galko (Heinemann)

Rivers: Nature's Wondrous Waterways. David L. Harrison
  (Boyds Mills Press)

Libros en Español

¿Cómo iremos a la playa? Brigitte Luciani (Ediciones Norte-Sur)

En la playa. Karen Bryant-Mole (Heinemann)

Index

Índice

About the Author

JoAnn Early Macken is the author of two rhyming picture books, *Sing-Along Song* and *Cats on Judy*, and many other nonfiction books for beginning readers. Her poems have appeared in several children's magazines. A graduate of the M.F.A. in Writing for Children and Young Adults program at Vermont College, she lives in Wisconsin with her husband and their two sons. Visit her Web site at www.joannmacken.com.

Información sobre la autora

JoAnn Early Macken ha escrito dos libros de rimas con ilustraciones, *Sing-Along Song y Cats on Judy*, y muchos otros libros de no ficción para lectores incipientes. Sus poemas han sido publicados en varias revistas infantiles. JoAnn se graduó en el programa M.F.A. de Escritura para Niños y Jóvenes de Vermont College. Vive en Wisconsin con su esposo y sus dos hijos. Puedes visitar su página web: www.joannmacken.com